어쩌라고

어쩌라고

김 수 봉 시집

세종출판사

••• 서序

이 시집의 제목은 5권까지 '어'자 돌림으로 하겠다는 필자의 계획에 따라 세 번째 작품집의 이름을 '어쩌라고'라 붙였다.

이 시집에는 총 115편의 시를 실었다. 구성은 115편의 작품을 해, 달, 별, 구름, 바람, 바다의 여섯 부분으로 나누어서 각각 20편과 15편을 실었다.

115편의 작품은 2020년 1월부터 7월까지 창작한 170여 편의 작품 중 대단하지는 않지만 그래도 독자에게 잠시라도 즐거움을 주고 인생을 음미하게 할 수는 있겠다고 생각되는 작품만 뽑았다. 게재 순서는 창작한 시간적 순서대로 실었다. 다만 제6부는 시집의 쪽수 조정을 위해 새롭게 추가된 작품들이기에 15편만 실었다.

변변치 않은 작품이지만 나름으로는 혼과 백을 담으려 최선을 다했다. 독자 제위님들의 긍정적인 관심과 질정을 기대한다.

2021.3.

김 수 봉 배(拜)

차례

제2부

달(3월)

제3부

별(4월)

제4부

바람(5월)

제5부

구름(6월)

제6부

바다(7월)

제1부

해(1~2월)

얼음 조각彫刻

호텔 뷔페 입구에 우두커니 혼자 서서
식탐과 과식으로 숨 가쁜 인간들을 위해
더울수록 차갑게 녹아내리는 얼음 조각

잠시의 아름다움과 상쾌함을 위해
물에서 태어났다가 하루살이보다 짧게
생을 마감하지만 차가운 외면에
뜨거운 열정을 품고 있어서

장승과 솟대가 동구 밖에 말없이 서서
마을을 지키고 보호하듯
사람이 많고 번잡할수록
더 빨리 자신을 죽여서
주변을 청량하게 만드는 너

어떤 대가도 원망도 없이
오직 자신의 목숨과 눈물만으로
희생을 실천하는 투명한 그 마음
차가울수록 따스해서
겨울철의 동백꽃보다 더 붉다 (2020.01.26)

작은 것의 반란

약육강식의 먹이사슬
정점에 우뚝 서서
거침없이 군림하고
끊임없이 파괴하고 약탈하며
못할 것이 없던 인간

사스, 메르스, 코로나19
눈에 보이지도 않는
작은 것들의 반란에
전전긍긍 무릎 꿇는 것은

높고 강할수록
겸손하고 낮추어야 한다는
가장 평범한 진리조차 외면하던
인간들의 오만과 탐욕에 대한
자연의 경고가 아닐는지 (2020.02.22.)

마음

형체도 없고 모양도 없지만
모나기도 하고 둥글기도 하여
누구는 성인 되고 누구는 도척도 된다

논밭의 농작물이
주인의 정성어린 발자국 소리를 들으며
주인도 모르는 사이에 쑥쑥 자라고

바닷가의 돌들은
파도의 끊임없는 단련을 받으며
바다도 모르게 몽돌이 되듯

마음도 지성으로 갈고 닦으면
자신도 모르게 모가 사라지고
세월만큼 저절로 둥굴어진다

모가 닳아 둥근 것이 되고
둥근 것이 깨어져 모가 되니
모와 둥근 것은 원래 하나였던 것을 (2020. 01. 07)

다랑이 마을

층층이 꼬불꼬불
곡선으로 쌓아올린 논둑
논마다 일렁이는 황금물결
그림보다 아름다운 다랑이 풍경

논밭에서 땀 흘리는
가난하고 늙은 농부
바로 펴지도 못하는 허리로
부르튼 손 이마에 얹고
외지로 나간 자식을 걱정한다

꽃바구니 옆에 끼고
나물 캐는 아가씨
낭만적 시에서나 볼 수 있는
꽃 사이 춤추는 나비라지만

초근목피 배가 고파
검정 고무신 기워 신고
무명옷 여며 입은 채
봄나물 캐러 나온 소녀

본지풍광이 궐리풍광과
이리도 다른 것은
시인들이 꾸며놓은 역설 탓인가 (2020.02.17.)

새 달력

더딘 세월이 답답하고 원망스러워
한 해가 끝나기도 전에 새 달력 걸어놓고
새해는 무엇인가 새롭고 좋은 일이
이루어지고 올 것 같아
얼른 어른이 되고 싶었던 어린 시절

세월이 늙으니
작년이 어제 같고
아무 것도 이룬 것 없는데
벌써 새해가 되고
오늘 본 새해가
내일이면 또 다른 새해가 되니
모든 것이 어린 시절과 상반 되고
세월의 빠름과 무상함만 느낄 뿐

그래도 명색이 새해 첫날이니
희망을 갖고 무엇인가 새로운 각오와
계획을 세워야 할 것도 같은데
어떤 계획도 세월을 이길 수 없으니
계획이 클수록 오히려 나이에 부끄러워
무안無顔하기만 한 새해

아무리 붙잡아도 떨치고 도망가는 오늘
아무리 손사래 쳐도 꾸역꾸역 찾아오는 내일
어차피 새해라는 것도 오고야 말 것이니

새해를 맞는 축원이 단순한 말뿐일지라도
말의 위력을 믿으며
새 달력에 걸어보는 못다 한 꿈과 희망 (2020.01.01.)

생일

어느 날 아침
많은 형매를 제치고
혼자 고봉밥을 받으면
아하. 오늘이 생일구나 하며
한 끼의 배부름만으로도
환호했던 어린 시절

지금은
생일마다 빛나고 아름다울수록
자식들의 정성이 갸륵할수록
씀바귀를 씹은 듯 땡고추를 삼킨 듯
마음이 아리고 시린 것은

왜 태어났는지도 모르고
본의 아니게 태어나
온갖 풍파를 다 겪으면서도
무턱대고 살아온 내 삶이
부끄럽고 한심한 탓도 있지만

다 받고도 부족하다
항상 불평불만하며

제대로 갖춘 생신을
한 번도 이받지 못했던
선고비先考妣에 대한
회한의 풍수지탄은 아닐까 (2020.02.07.)

새벽을 여는 사람들

신새벽 희붐한 골목길
예각의 굽은 허리로
리어카를 밀면서 폐지 줍는
영감 할멈

그 뒤를 이어
길거리를 정돈하는
노란 조끼와 푸른 모자의
늙고 허름한 하층민들

흙수저로 태어나
평생 주변적 존재로
온갖 풍상을 다 겪으며
아침을 열고 깨웠지만

죽는 날까지
한 번도 자기만을 위한
중심적 존재로 서보지 못한
새벽을 여는 사람들

장난감 손에 들고 환하게 웃는
손자의 얼굴 떠올리며
그래도 미소 짓는 그 모습
새벽의 희미한 그믐달보다 서럽다 (2020. 01. 28.)

망각의 두 얼굴

망각은 기억의 후손이자
모순된 두 얼굴의 야누스다

시험공부와 약속과 은혜와
갚아야 할 빚 등은 잊어버려서
낭패를 당할 때도 있지만

배신당한 사랑과 못 다한 야망과
불행한 추억과 은원 등은 망각해서
오히려 행복할 때도 있고

망각이 망각 자체를 잊어버려서
자기가 누구인지조차 망각할 때는
현실을 초월하게도 된다

안팎도 뒤집으면 안이 밖이 되고
물구나무서서 본 세상이나
바로서서 본 세상이나 하나이듯

기억과 망각도 둘이면서 하나인
야누스의 두 얼굴은 아닐까 (2020.01.10.)

시마詩魔

일하지 않는 자 먹지도 말라 했는데
날이 가고 달이 또 가도
한편의 시는커녕 하나의 시상조차
떠오르지 않는 나날

마음을 비우고 욕심을 줄이면
즐겁고 행복하다 했지만
명예나 부귀를 추구하지 않아도
고통과 아픔이
오히려 삶의 의미가 된 일상

차라리 처음부터 쓰지나 말 것을
후회해도 이미 때가 늦은 지금
시상만 떠올라도 만금을 얻은 듯
한 줄만 써도 천하를 얻은 듯
한 편이 완성 되면 천상에 오른 듯
모든 근심 걱정 다 잊게 되니

사랑할 수도 미워할 수도 없지만
고통스럽고 아플수록
삶의 기대와 쾌감은 더하니
아마도 너는 내 삶의 역설이자 시마인가 보다 (2020.02.05.)

삶의 위로-2

내 삶이 비천하고 가능성이 없다고
자포자기自暴自棄하지 말자
모든 것은 상대적인 것일 뿐
고개를 숙이면 거친 땅만 보여도
머리를 들면 푸른 하늘도 있다

내 삶이 너무 시시하고 보잘것없고
한심하다고 한탄하지 말자
누구도 자신의 삶이 대단하다고
자부하고 만족하는 사람은 없다

내 삶이 너무 힘들고 어렵고
고통스럽다고 좌절하지 말자
누구도 자신의 삶이 쉽고 편하고
순조롭다고만 생각하지는 않는다

내 삶이 금수저로 금맥으로 천재로
태어나지 못했다고 억울해하지도 말자
운명은 공평무사하고 밤은 어두울수록
새벽이 빨리 온다 했다

지금은 없지만 나에게도 기대되는
내일이 있고 올라갈 희망은 있지 않은가
우리의 삶은 오늘을 위해 사는 것이 아니라
내일이란 희망으로 살지 않더냐 (2020.01.12.)

헛된 욕심

사람은 태어나면서부터
입신출세하여 부귀공명하고
현부모하며 유방백세해야
멋진 삶이라 배운다

누구나 평생토록 추구하고
이루려 애를 쓰지만
이룬 사람도 드물고
마침내 모든 것을 잃거나
욕된 이름만 남기고
불행해지는 경우가 더 많다

사람이 분수를 깨닫고
욕심을 내려놓는 순간
나름의 행복은 얻게 될 터인데
죽는 날까지 집착하는 것은
자신이 배운 지식과
부모에 대한 의리 때문 만일까 (2020.02.01.)

돈錢

둥글둥글 굴러다니며
두루두루 나눠 쓰라고
둥근 얼굴에 환과 원으로
이름 지어 세상에 보냈더니
부익부만 붙좇아서
부귀공명 생살지권 유전무죄
무전유죄 절대 신이 된 돈

많이 가질수록 더 부족하고
아무리 채워도 다 채울 수 없지만
크면 큰대로 작으면 작은 대로
비우기만 한다면 누구나
만족과 행복을 얻게 되는 돈

쌓이면 부패하고 고이면 썩지만
비우지 않더라도
더 이상 채우려 않는다면
저절로 가득차고 행복해지는
요술방망이 같은 돈
고루고루 나누어서
두루두루 함께 쓰면 어떨는지 (2020.01.02.)

내일 죽는다면

누구는 오늘
사과나무를 심고
복잡한 주변을 정리하고
못 다한 은혜를 베풀고
복수를 하기도 한다지만

나는 내가 아는 모든 사람들과
사물들에게 편지를 쓰고 싶다

이제까지 모두들
사랑했고 감사했습니다
지금도 사랑하고 감사합니다
앞으로도 영원히
사랑하고 감사하겠습니다
쓰고 또 쓰고 싶다

나머지 다른 일들은
살아있는 자들의
몫으로 남겨두고 (2020.02.05.)

관계

인간은 태어나면서부터
서로의 관계 속에 던져지고
관계를 넓히며 살다가
자신이 만든 관계 속에서 죽는다

관계가 밀접하면
서로 밀어주고 추어주어서
입안의 혀처럼 만사가 형통하고

관계가 멀면
제로섬게임처럼 남의 행복과 기쁨이
자신의 불행과 슬픔이 된다

관계가 거리와 비례할수록
행복이란 본질은
인간의 기대와는 달리
오히려 반비례하는 것은 아닐는지
산속에 혼자 사는 자연인들처럼 (2020.02.09.)

부러진 은수저

차고 뜨거운 밥과 국
짜고 매운 반찬 가리지 않고
몇 십 년을 봉공한 나의 은수저

입맛 없다 밥맛없다 타박을 받아도
입안의 혀처럼 한 번도
주인을 배신한 적 없고
끼니마다 건강을 챙겨준 세월과 공로
조침문의 바늘보다 적지 않은데

모서리가 다 닳은 몇 십 년의
일편단심은 생각지도 않고
한 마디 위로나
잠시의 망설임이도 없이
단숨에 버려지는 부러진 은수저

다음 생에는 남의 끼니만 챙기는
수저가 되지 말고 남의 이받음만 받는
그런 존재가 되기를 기원한다면
은혜를 저버린 배신과 별리를
위로하는 변명이라도 될 수 있을까 (2020.02.10.)

관심

농작물은 농부의
발자국 소리를 듣고 자란다 하고
누가 내 이름을 불러주면
그에게로 달려가 꽃이 되겠다지만

농부의 지나친 관심은
옮겨 심은 화초를
시들어 죽게도 하고
이름도 너무 자주 부르면
마침내 귀찮고 성가시게 된다

고무줄놀이도 고무줄을
지나치게 당기면 줄이 터져
상대를 아프게 하듯
상대에 대한 관심과 배려도
지나치면 구속과 집착이 된다

사랑과 칭찬도 너무 지나치면
사탕처럼 금방 싫증이 나듯
적당한 배려와 관심만이
변함없는 청량한 물이 된다 (2020.02.15.)

목적과 목표

없으면 직진할 수 없다며
누구나 다 있어야 하고
클수록 좋다는 인생 목표

목적이 이유나 의도이고
목표가 대상이나 도달점일 때
삶의 목적이 행복과 즐거움이라면
목표가 크면 더 행복하고 즐거울까

대통령이 목표면 행복하고
소박한 시민이 목표면 불행할까
재벌 총수는 행복하고
구멍가게 사장은 불행할까

비운 만큼 행복하고
채우지 않아야 더 행복하다면
목표의 크기는 목적과 모순된
아이러니이던가 (2020.02.17.)

왜? 이유는?

늙으면 감정이 메말라
눈물도 마른다던데
늘그막에 자꾸 눈물이 나고
슬픈 것은 무슨 까닭일까?

칠십년쯤 살다보면
산전수전 공중전 다 겪었고
크게 놀랄 일도 슬플 일도 없고
건강도 여전히 좋은 편인데
원인도 이유도 없이
괜히 슬프고 자꾸 눈물이 난다면

아직도 내가
젊고 감성이 풍부해서
황혼의 저녁놀이 너무
아름답기만 한 탓일까? (2020.01.06.)

봄비

밤새워 봄비 내린 날 아침의 몸은
왜적의 침입을 끝까지 막아낸
김시민 장군의 진주성이다

겨우 지켜내고 살아남기는 했지만
작고 오래된 진주성은
곳곳이 무너지고 부셔져서
멀쩡한 곳은 한 곳도 없다

아침까지 계속되는 비는
밤 동안의 무너지고 깨어진 상처를
확인하고 깨닫게 하거나
폐허의 곳곳을 덧나게만 할 뿐

몸도 아무리 어르고 달래 봐도
임시방편이자 미봉책일 뿐
여기 저기 쑤시고 저려서
가는 세월 어쩔 수가 없다
어이구! 팔다리 어깨허리야 (2020.02.25.)

감옥

오리도 가리도 없고
갈 곳도 갈 수도 없어서
다수와 격리하여
가두어 두는 곳이 감옥이라면
자신도 죄수라던 독거노인

코로나19가 창궐하자
안팎이 뒤집혀서
소수만 나다니고
다수가 집안에 격리 되니
동병상련의 처지가 오히려
마음의 창살을 열었다던
심술 많고 이기적인 늙은이

코로나19가 사라져도
마음속의 창살을 걷어내고
감옥에서 탈출할 수 있는
그런 삶이 다시 올 수 있을지
석양처럼 안타깝다 (2020.02.23.)

제2부

달(3월)

봄

봄은 눈으로 입맛으로 가슴으로 온다

봄꽃은 아름다운 얼굴로 눈에 환상을 심고
달래와 냉이는 상큼한 향기로 입맛을 돋우고
계절은 식은 가슴에도 사랑의 불을 지핀다

환상은 봄에만 일어나고
입맛은 제철마다 다르지만
가슴에 지핀 불은 계절을 넘어선다

눈에 심고 맛을 돋운 봄은
계절 따라 변하지만
사랑이 지핀 불은
계절마다 성장하고 깊어진다

가슴에 똬리를 튼 사랑의 불은
세월을 넘어 봄마다 도지는
애잔하면서도 얄미운 고질병인가 보다 (2020.03.18.)

3.1절과 코로나19

저 옛날 3.1절에
스스로 잘나고 신지식으로 무장했다는
개화만능주의자와 고관대작들 중에
왕조의 잘못된 통치만을 비판하며
나라를 팔아먹고 자신의 이익만
챙기려던 도리화 같은 자들도 있었다

못나고 천하고 가난했던 대부분의
민중들은 그래도 나라는 지켜야 한다는
애국충정 하나만으로 단심의 매화처럼
외적의 총부리에 맨몸으로 맞섰던
장렬하고도 숭고한 몸부림도 있었다

오늘의 코로나19도
정부의 잘못된 대응만 부각하며
당리당략에 매몰된 정치적 모리배와
남의 고통을 자신의 기회로 삼으려는
돼지 같은 상인이나 사쿠라가 판을 친다

의식 있는 민중과 의사들 중에는
목숨 걸고 병마와 싸우고

쌈짓돈 털어서 후원금품을 보내며
코로나19를 넘어서려는
국화처럼 마음이 향기로운 사람도 있다

어둠이 있어야 진정한 밝음을 알며
나라가 위기에 처해 봐야 누가 진정한
애국자인가를 알 수 있다는 말이
새삼 가슴에 와 닿는 3.1절 아침
나는 태극기만 말없이 창밖에 걸어본다 (2020.03.01.)

신선神仙

눈 덮인 설봉처럼
벚꽃이 만개한 산봉우리
꽃그늘에 혼자 앉아
천지사방 둘러보니

하늘은 감감한 꽃차일
사방은 너무 하얘서
눈이 시린 꽃 장막
들리는 것이라곤
찰지고 윤기 좌르르한
꽃 사이 때지어 노니는
새들의 노래 소리
도화는 아니라도
무릉 화원임은 분명하다

나는 하얀 꽃잎에 눈멀고
기름진 새소리에 귀멀어
집으로 돌아갈 때를 잊었다

선경이라서 신선이 사는지
신선이 살아서 선경인지

알 수는 없지만
선경이라서 신선이 산다면
나도 오늘은 선경에 노니는
신선임이 분명하다 (2020.03.30.)

아마추어와 프로

아마추어는 아마추어고
프로는 프로다
아마추어는 아무리 노력해도
프로보다 어설프다

시 쓰기도
아마추어는 영감이 있어야
어쩌다 한편의 시를 쓸 수 있고
프로는 영감 없이도
언제든지 시를 쓸 수 있다

특별한 경우가 아니면
시를 쓸 수 없는 나는
아직도 아마추어이지만
함부로 시를 쓸 바에는
차라리 영영 아마추어이고 싶다 (2020.03.06.)

써지지 않는 시

부끄럼 없이 살기를 원했던 윤동주님은
시대의 아픔 없는 시가 너무 잘 써져서
잎새에 이는 바람에도 부끄러워했다는데

시대를 아파하면서도 무위도식하며
시다운 시 한편도 쓰지 못하는 나는
시인이란 이름이 부끄럽기만 하다

부끄러움을 벗어나려고 매일매일
무작정 써보니 시답지 않은 시에
오히려 더 부끄럽다

너무 잘 써져도
써지지 않아도 부끄러운 시
너는 생래적으로 부끄러움을 위해
태어난 존재였던가 보다 (2020.03.26.)

노년의 삶

젊은 시절은
일하지 않으면 노는 것이고
잘하지 않으면 못하는 것이었다

사는 것도
기쁘고 즐겁고 행복하지 않으면
불행하다는 흑백논리와
꿈과 희망만으로 무장하고
오늘보다 내일을 위해 살았다

청춘의 내일이 오늘이 될 때면
노는 것이 일하는 것이고
잘할 것도 못할 것도 없다

사는 것도
기쁘고 즐겁고 행복하지 않아도
슬프거나 불행하지도 않고
살아있으니 숨만 쉴 뿐

꿈과 희망의 내일보다
퇴색한 지난날의 영화와

희미한 추억에 잠겨서
무의미가 의미가 될 때까지
그냥 그렇게 생존할 뿐이다 (2020.03.06.)

좋은 때

잘 먹고 많이 먹을수록
귀여움 받고 좋을 때도 있지만
안 먹고 적게 먹을수록
사랑받고 칭찬 받을 때도 있다

벚꽃은 필 때도 사랑스럽지만
질 때는 더 안타깝고 애틋하듯
다 좋으면 더 좋겠지만
때도 때가 있는 만큼
누구에게나 다 좋은 때는 없다

때는 짚신장수와 우산 장수처럼
서로 상대적이고 모순된 게걸음이라서
나에게 좋은 때가 가장 좋은 때일 뿐 (2020.03.28.)

봄장마

영등할미가 데려온 2월의 봄비는
잦을수록 풍년든다 했는데
올해도 며느리와 함께 온 것 같지만
바람 부는 모습은
영락없이 딸을 데려온 심술이다

코로나19의 침입으로
집은 요새가 되고
얼굴 가린 사람들과
거리 둔 오늘은
사람의 발길 잡는
감옥 없는 창살이다

이 비 그치고
흐리멍덩하던 구름 걷히면
화사한 봄볕 아래
찰진 새소리 들으며
들꽃들과 반가운 인사도 나누고
콧노래 절로 나는 꽃길을 따라
다 함께 웃으며 서로 손잡고
사뿐사뿐 걸어도 좋으련 (2020.03.09.)

주름

세월은 얼굴에 주름을 만들고
욕심은 마음에 주름을 만든다

얼굴 주름은 노인을 만들뿐이지만
마음 주름은 사람을 불행하게 만든다

얼굴 주름은 깊어질수록 지혜를 키우지만
마음 주름은 깊어질수록 고통만 커진다

얼굴의 주름은 보톡스로 감출 수 있어도
마음의 주름은 비워야만 사라진다

얼굴 주름은 감출수록 허무만 더하지만
마음은 비울수록 행복을 얻게 된다 (2020.03.15.)

희망-2

겨울이 아무리 심술을 부려도
때가 되면 봄은 오고야 말 듯

꽃샘추위가 아무리 봄을 시샘해도
봄꽃들은 겨울의 껍질을 뚫고
마침내 아름다운 자태를 자랑한다

밤이 어두울수록
아침의 태양이 찬란하듯
코로나19가 아무리 횡포를 부려도
위기가 클수록 기회도 커지는 법

시련이 클수록 단결했던 우리민족
슬기롭게 하나 되어 반면교사 삼는다면
함께 누릴 봄날은 힘들수록 빛나겠지 (2020.03.17.)

코로나19

개구리가 절후보다 먼저 뛰고
온갖 꽃들도 계절을 앞서가며
봄날의 생기를 구가謳歌하는데
코로나19를 만난 인간들만
오히려 동면으로 들어간 듯
납작 엎드려서 얼굴조차 가리고
서로를 외면하니 거리마저 한산하다

목구멍이 포도청인 누구의 아빠는
굶어죽으나 맞아죽으나
죽는 것은 마찬가지인데
차라리 코로나19라도 걸린다면
밥은 굶지 않을 것이라 자탄한다

핑계와 화풀이 대상 찾던 인간들
신천지교회 죽일 놈의 광신도
너 탓이라 마녀사냥 해보지만
그들도 힘없는 피해자일 뿐

물질만능과 환경파괴
인간들의 끝없는 탐욕과 오만
이기적인 독선이 부른
자승자박의 재앙은 아닐는지 (2020.03.5.)

해몽解夢

꿈은 현실과 반대의 예지를 보여준다 했다
어제 밤에는 밤새도록 얻어맞고 쫓기며
염라대왕까지 만나는 흉몽을 꾸었다

오늘은 좋은 일이 생길까 하루 종일 기다려도
좋은 일은커녕 뜻대로 되는 일도 없고
일마다 재수 없고 불쾌하기만 했다

그렇게 흉한 꿈이 흉몽이 아니었단 말인가?
차라리 길몽이었다면 꿈에라도 좋았을 것을
꿈과 현실이 다 힘드니 못 믿을 것은 꿈이로다

따지고 보면 예지몽도 결과론적이고
해석도 아전인수격일 뿐
어제의 꿈 따위가 어찌 오늘의 일을 알겠는가

마음이 허하면 허깨비도 도깨비로 보이는 법
아마도 이런 생각은 달 넘어 계속되는
코로나19의 심술 탓은 아니었을까 (2020.03.23.)

벚꽃

눈만 오면 마술처럼 피어나는 눈꽃처럼
봄만 되면 부푼 꽃망울을 팝콘처럼 터트리며
천지를 하얗게 뒤덮는 벚꽃

누구는 일본의 국화라서 사랑할 수 없다지만
어느 나라 국화가 된 것이
어찌 벚꽃의 탓이겠는가?

복수초와 매화 등이 눈 속에서 꽃을 피우며
들썩이는 어깨로 봄이 왔다고
아무리 소리쳐도 봄이 봄 같지 않지만

어느 날 갑자기 하루 밤 사이에
천지에 벚꽃이 하늘을 하얗게 가릴 때면
겨울을 넘어선 냉이가 저절로 봄맛을 돋운다

벚꽃은 세상의 어떤 꽃보다 화사하지만
하나보다 여럿이 함께할 때 더욱 현란하고
아름답고 눈부시다

찬란한 꽃그늘에 앉아보면 자신도 모르게
온갖 상념과 환상과 추억에 잠겨 마침내
아! 멋지다. 감탄사를 연발케 하는 꽃

너는 아마도 봄을 몰고 오는 꽃신령이거나
생이 너무 짧고 화려해서 오히려 허망한
순우분의 꿈인가 보다 (2020.03.22.)

꽃의 품성

꽃은 잠시의 아름다움을 꽃피우기 위해
일 년 내내 온갖 눈서리 참고 견뎌왔지만
존재의 의미가 사라지면 조금의 망설임도 없이
서둘러서 떨어지는 욕심 비운 철학자

꽃은 타고난 자신의 아름다움만으로
사람의 마음속에 온갖 기쁨과 행복을 줄 뿐
자신이 언제 어디서 어떤 꽃으로 피었든
자신을 자랑하거나 남과 비교하지도 않고
누구를 탓하거나 시기 질투하지도 않는다

꽃은 자신의 아름다운 생김새만큼이나
피어서도 떨어져서도 사람의 심금을 울린 뒤
아무런 미련도 없이 조용히 사라지지만
오히려 인간의 마음속에 새로운 꽃을 피운다
아마도 그래서 꽃은 영원히 꽃인가 보다 (2020.03.24.)

봄장마-2

여름철 장마처럼 퐁당퐁당
오늘도 찾아온 봄비
낮게 드리워 희뿌옇고 우중충한 모습
영판 영등할미 며느리의 치맛자락이다

아무리 풍년이 들어서 좋다고 해도
코로나19의 심술로 집안에만 갇힌 신세
창살은 없어도 비 맞은 감옥이다

날이 맑다고 해도 갈 곳도 갈수도 없고
올 사람도 갈 사람도 없지만
나가지 못한다 하니 괜스레 답답하다

풀죽은 모시처럼 새들새들 오는 봄비
겨울을 적시고 녹여서
만물의 생기와 활력을 돋운다지만
오늘도 젖은 내 마음 오히려 냉골이다 (2020.03.10.)

은퇴隱退

은퇴는 나무 옮겨심기다
어린 나무도 옮겨 심으면 살기 힘들지만
깊게 뿌리 내린 늙은 나무는 더욱 어렵듯

사람도 한 직장에서 외곬으로
오랫동안 군림하며 살아온 사람은
은퇴 후의 적응이 더욱 어렵다

나무를 옮겨 심을 때는
생존과 편리를 위해 미리 가지를 자르고
정착과 생육의 균형을 위해서는
뿌리도 함께 잘라야 하듯

사람도 은퇴를 할 때는
보이는 주변도 정리해야 하지만
보이지 않는 마음속을
정리하는 것이 더욱 중요하다

새 술은 새 부대에 담아야 하듯
지난 영화의 껍질은 빨리 벗고
욕심을 내려놓고 체념하는 것만이
현실에 안심입명 하는 지름길이다 (2020.03.22.)

봄꽃과 봄비

엊그제 개화한 벚꽃
천지에 가득하고
현란한 그 모습 너무 하얘서
하늘조차 감감한 꽃그늘에 서면
머릿속도 하얗다

오늘은 진종일 비가 내리고
못다 핀 꽃들도 비에 씻긴다
이 비 그치면 벌써 꽃비가 내리겠지
그래 피면서 져야 봄꽃이지
늙어서 지면 누가 아름답다하겠나

드물고 짧아서 귀하고 안타깝다면
봄비는 천상의 조각가 봄꽃의 친구
어서 찌르고 자르고 떨어뜨려라
내일이면 사람마다 자지러지며
봄꽃의 단명을 서러워하도록

진정한 아름다움은
사라진 뒤 더 안타까운 법
코로나19가 90세 넘은 영감 데려갔다면
슬픈 일이지만 누가 안타까워하겠나 (2020.03.27.)

벚꽃과 민중

벚꽃은 민중이다
민중은 밟힐수록 강해지듯
벚꽃도 겨울이 길수록
짧은 순간에 더욱 화려하다

민중은 혼자서는 우중일 뿐이지만
한데 뭉치면 누구도 못 말린다
위기에 처한 나라를 구하고
한강의 기적도 만들고
코로나19도 거뜬히 넘어선다

벚꽃도 하나하나는 모란보다 못해도
여럿이 모여 한 송이가 되거나
송이보다 그루, 그루보다 나무가 모이면
세상의 어떤 꽃보다 화사하고 아름답다

벚꽃은 너무 가까운 곳보다
좀 떨어져서 봐야 더 아름답고
햇빛이라도 나면
더욱 눈부시게 현란하고 찬란하다
민중들처럼 (2020.03.28.)

내일이 없다면

내일은 오늘을 사는 이유이자 희망이고
오늘의 바른 삶을 위한 근거이기에
내일에 속고 사는 것이 인생이라지만

내일이 없다면 얼마나 다행인가
오늘이 내일을 위해
무엇을 남기거나 꾸려갈 이유도 없고
오늘을 희생하거나
고통과 괴로움을 감내할 필요도 없다

내일을 핑계 삼지 말자
오늘이 없으면 내일도 없고
오늘이 즐겁고 행복해야 내일도 있다 (2020.02.29.)

덤

있으면 더 기분 좋은
덤, 덤날 덤달도 있고
없어야 더 좋은
덤터기 덤핑 덤받이도 있지만
있으면 좋고 없어도 그만인 덤

할 일도 하는 일도 없는 노인
2020년 2월 29일 하루
왠지 기분 좋게 덤 받은 느낌은
백수를 넘긴 나이도 덤으로
생각지 않는 노탐 탓일까

근본이 없는 덤도 없고
근본이 무시된 덤도 없다
귀신도 모른다는 덤달 덤날
손 없어 좋다고 했으니
덤을 위해 덤답게 사는 것이
근본을 빛내는 덤다운 삶이 아닐까 (2020.02.29.)

제3부

별(4월)

2020년의 4.19를 맞으며

아무리 화려한 꽃도
열흘 붉은 꽃이 드물고
떨어진 꽃잎조차 며칠이면
시들어서 흔적도 없어지지만

어려서 등판에 새긴
진충보국 네 글자가
악비*의 신념 되어
나라위해 던진 목숨
천년이 지나도 갈수록 빛나듯

자유와 정의를 향한
4.19의 피맺힌 함성 속에
꺾어진 못다 핀 청춘과
피보다 붉고 순수한 신념
억만년이 지나도 해마다 다시 피고
필 때마다 더욱 아름답게 빛나리 (2020.04.19.)

*중국 남송의 무장, 학자 .서예가. 충신.

구두 딱새

부산 00동 골목시장 앞
건널목 가로수 밑
허름한 모습으로 행인들의 발만 찍는
골판지 깔고 앉은 늙은 구두 딱새

어쩌다 오전부터
허름한 사람의 허름한 구두를
수선하게 되거나 닦게 되면
그날은 운수대통

발보다 낮은 곳에 앉아서
싱글벙글 닦는 구두 콧등이 빛날수록
딱새의 콧등은 검어지지만
마음은 구두보다 더 맑게 빛난다

구두밑창이라도 갈게 되는 날은
점심 대신 마신 소주 몇 잔에
젊은 시절 찍새의 영웅담과 함께
자신의 인생을 갈아치우듯
힘이 들어간 어깨에 신바람이 난다

딱새는 구두를 닦고 수선하듯
자신의 삶도 닦고 수선하고 싶지만
구두보다 더 낮은 삶의 자리는
오늘도 제자리걸음일 뿐 (2020.04.09.)

말똥구리

세상은 말똥이 아니라
커다란 바퀴인 줄도 모르고
자기의 말똥을 제 뜻대로 굴리려는
말똥구리가 있었다

세상은 미친 말똥구리라 꾸짖었고
마침내 수레바퀴에 치인
분수 모르는 사마귀가 되고 말았다

아무리 발버둥쳐도 세상은 바퀴였고
거대하고 무겁고 비정했다

살기위해 말똥구리를 포기하려 했지만
이미 굳어버린 관절은 애를 쓸수록
게처럼 옆으로만 걸어갔고
세상은 게처럼 삐딱한 놈이라 낙인했다

단지 말똥구리이고 싶었을 뿐
거철하는 당랑만은 되고 싶지 않았지만
결국 게 닮은 사마귀가 되고 말았다 (2020.04.10.)

단풍나무

소나무와 잣나무는 사철 푸르다고
지조와 절개로 추앙받고

활엽수는 이른 봄
연두색 떡잎으로 사랑받다가
짙은 녹색으로 여름을 구가한 뒤
붉거나 노랗게 물든 뒤에도
만인의 사랑과 탄식 속에 생을 떨군다

태어나면서부터 붉고
떡잎부터 단풍든 단풍나무

봄부터 붉다가
단풍 든 줄도 모르고
늦가을 붉은색 그대로 떨어지니
항상 붉고 아름다워서
오히려 아름다운 줄도 모른다

아름다움도
때와 분수가 있는 것이라서
개천에서 용이 나야
용이 되는 인생처럼 안타깝다 (2020.04.18.)

끈 떨어진 연鳶

복福은 쌍으로 오는 법이 없고
화禍는 홀로 오는 법이 없으며
자유도 피의 대가를 지불해야 한다

연은 하늘 멀리 날고 높이 날수록
더 멀리 더 높이 자유롭게 날고 싶어서
목을 옥죄고 당기는 목줄을 끊기 위해
언제나 몸부림치며 맞선다

어느 날 마침내 목줄을 끊은 연
갑자기 당기지 않으니 어찌된 일인지
오히려 버틸 수도 없고
발버둥 쳐도 힘이 탁 풀리며
그냥 멀리 멀리 밀리기만 했다

무한의 자유는 누릴수록 힘이 빠지고
더 이상 날 수도 높이 오를 수도 없어
그만 어느 산기슭에 처박히고 말았다

그제야 조임과 당김이 있어야 버틸 수 있고
버틸 수 있어야 날 수도 있음을 깨달았지만
끈 떨어진 연은 이미 때가 늦었더라

절제된 자유와 방종放縱의 결과를
시사示唆하는 것처럼 (2020.04.26.)

야생화野生花

깊은 산속 그윽한 골짜기
이름도 알 수 없는 야생화
찾고 보는 이 없어도
누가 돌보고 가꾸지 않아도
해마다 아름답게 꽃피고 진다

누가 아름답다 말하지 않아도
이름을 불러주지 않아도
누구를 탓하지도 따지지도 않고
그냥 최선을 다해 붉게 피고 질뿐이다

권력과 명리를 향한 인간의 삶
안달하며 하루도 영일의 날이 없어도
야생화보다 더 붉지도 행복하지도 않다
오히려 야생화의 삶이 부러울 뿐 (2020.05.29.)

산화공덕

무슨 일 그리 바빠
열흘도 붉지 못하는 꽃
밤새워 숨죽이는 엄숙한 추락
아침이면 마련되는 하얀 비단 꽃길

가시는 듯 도셔오라는
산화공덕의 애절한 호소
무심코 희희낙락 걷는 걸음마다
사랑의 피멍으로 얼룩진 발자국

봄과 꽃은 해마다 다시 오고 피건만
한 번 가면 다시 못 올 내 님
돌아오지 못할 길이면
차라리 밟지나 말든지

오늘 밤도
아름다워서 서러운 꽃비
밤새워 내리겠지 (2020.04.02.)

삶의 재미

술은 톡 쏘거나 독해야 술이고
과일은 새콤달콤해야 제 맛이고
노래는 높낮이와 장단이 있어야 즐겁고
길도 굴곡이 있어야 지루하지 않듯

인생도 기쁨과 슬픔이 교차해야
사는 맛이 난다

술에 물 탄 듯 물에 술 탄 듯하면
과일이 무맛이고 길이 평탄만 하면
노래가 높낮이가 없다면
무슨 멋과 재미?

인생도 굴곡 없이 순탄하기만 하다면
무슨 즐거움과 의미?

아무리 힘들고 괴롭고 슬펐던 일도
지난 뒤 돌아보면 모든 것이
삶의 재미와 기쁨을 위한 포석이었고
삶의 활력과 의미였던 것을 (2020.04.06.)

뒤집힌 패러다임

가까울수록 친밀하다던
맞잡은 손 놓아버리고
멀찍이 떨어져서
바라만 봐야 살아남고
살기 위해 꽃피운 유체와 튤립
갈아엎어야 아름다운 세상

뒤집혀야 살아남고
뒤집어야 정상이라면
패러다임이 뒤집힌 것일까
뒤집혀서 패러다임 된 것일까

뒤죽이 박죽을 따라가는 세상
인간중심의 탐욕이 불러온 사단이라면
차라리 인간 사고를 뒤집는 것이
코로나19에 대한 예의가 아닐는지 (2020.04.11.)

자가 격리

세상의 패러다임을 바꾼 코로나19
명암이 엇갈린 유불리와 호불호

답답함을 못 견딘 젊은이들
남몰래 어긴 격리, 강제 격리 당하지만

일없이 바쁘게 밖으로만 나돌던 아내
하루 종일 함께 해서 오히려 다행이라는
나들이 어렵던 늙은 영감

식당은 손님 없어 밥 굶게 생겼다지만
너무 바빠서 밥도 못 먹는 배달업

음지와 양지 이쪽과 저쪽의 번복도
세상의 공평하고 당연한 이치

좋다고 다 좋은 것도 없고
나쁘다고 다 나쁜 것도 아니다

인간 만사 새옹지마
어떤 것도 일희일비 할 것만은 아닌 듯 (2020.04.13.)

선량選良

선거철만 되면 수많은 공약은
여름철 소낙비처럼 시원하고
매미소리처럼 요란하고
주민은 며칠 동안 왕이 된다

요즘의 왕은
옛날의 용왕이 아닌 줄도 모르고
하루에 한 번씩 문안 인사를 드리고
토끼처럼 간까지 빼주겠다 약속하지만

머슴은 머슴다워야 하고
머슴이 누리는 특권을 내려놓아야
봉사하는 머슴답다는 왕

선거가 끝나면 다음 선거까지
볼 수 없는 머슴인 줄 아는 까닭에
간까지 빼주겠다는 달콤한 속삭임에
헛웃음 치며 모르는 척 할 수밖에 (2020.04.15.)

가는 봄

봄바람이 꽃을 시샘하니
천지에 꽃눈雪이 분분紛紛하고
나무에 꽃 지니 땅위에 눈꽃 핀다

꽃 지면 새잎 나고
봄 가면 여름 오듯
봄꽃은 해마다 다시 피고
가는 봄은 연년이 다시 오니
지는 꽃은 산화공덕 축복하고
하얀 손 흔들며 내년을 기약한다

지는 꽃이 안타깝고
새소리 서러운 것은
봄 기약 할 수 없는
인간만의 착각일 뿐 (2020.04.04.)

승부와 변명

어떤 승부를 보면
패자가 '승부보다는 다른 것을
실험해보고 싶었다'고 변명한다

변명이 사실이든 아니든
승부에는 승자와 패자만 있을 뿐
패자는 말이 필요 없다

실험은 승부 뒤에도 할 수 있는 것
하필 승부에서 실험을 할 이유도 없고
실험 그 자체도 최선이라 선택했을 터

인생도 불특정 다수와의 승부이고
승리한 자만이 성공하고
가치 있는 삶이라 평가 받는 세상

인생은 다시 살 수 없기에
모든 승부는 그 자체가 실험이고
결과만 중요할 뿐 어떤 변명도
승부를 바꿀 수는 없다 (2020.04.19.)

소리와 마음

봄철 산행을 하다보면
수많은 소리를 듣게 된다

소소소 숲속을 지나는 바람소리
찰찰찰 흐르는 산 계곡의 물소리
가는 봄을 안타까워하는 소쩍새와
구구구 짝 부르는 비둘기 울음소리가
귀와 가슴을 적신다

소리는 어디서나 같은 소리이지만
들리는 것은 때와 듣는 사람에 따라
다르게 들리고 듣는다

아침 말이 역겹고
사랑한다는 말이 부담스럽고
칭찬하는 말이 부끄러울 때가 있듯

소리도 귀로만 듣는 것이 아니라
마음으로 보고 듣는 것인가 보다 (2020.04.21.)

사주팔자四柱八字

무의미한 생존을 넘어서기 위해서는
무엇인가 해야 한다지만
아무런 할 일도 해야 할 일도 없어
그냥 또 하루가 지나갔다

타고난 사주대로 살다가
그대로 가는 것이 팔자라면
이렇게 살 수밖에 없는 것도 팔자고
무위도식하는 것도 운명이겠지만

코로나19도 주춤하고
내일이면 부처님 오신 날이니
시라도 한 편 써야지 해도
며칠이 지나도록
한 편의 시상도 떠오르지 않는다

애쓸수록 가슴만 답답할 뿐
그냥 또 하루가 저물면
내 삶의 하루가 줄어듦을 알면서도
마냥 내일만 기다려진다
어제도 오늘과 마찬가지였는데 (2020.04.29.)

내일

오든지 가든지
항상 내일이기만 한 내일

손사래를 쳐도 찾아오고
가지 말라 붙잡아도 가는 내일

와도 그만 가도 그만이지만
그래도 기다려지는 내일

내일은 오늘을 사는 이유이고
봄이고 기대되는 희망이다 (2020.04.30.)

안심입명

사람은 누구나
크든 작든 나름의 뜻을 세우고
그 뜻을 이루기 위해
최선을 다하며 살지만

성패는 뜻의 크기나 고하에 상관없이
개인의 노력이나 계획보다
언제나 우연이나 운명에 의해
결정 되는 경우가 더 많다

의외의 결과는 항상 고통과
자책과 회한의 아픔을 남기지만
엎질러진 물은 다시 담을 수 없는 법

과정에 최선을 다했다면
마음을 비우고 체념하는 것만이
안심입명의 지름길이 아닐까 (2020.05.29.)

꿈과 분수

Boys be ambitious.
젊은이여 대망을 가져라

꿈은 클수록 좋다 하지만
분수를 모르는 큰 꿈은
꿈속에 빠져 허우적대다가
현실에서 낙오할지도 모른다

대망도 꿈도 때가 있고
분수가 있는 것이라서
분수에 맞지 않은 꿈과 대망은
오히려 자신을 힘들게만 할 뿐
날개 있는 새이면서도 날 수 없는
어정잡이 닭이 될 수도 있다

꿈은 꾸는 것도 중요하지만
분수를 알고 분수에 맞게
꿈을 깨는 것은 더욱 중요하다

나이가 들수록 분수를 알고
꿈을 줄이고 비우다가
마침내 꿈을 깨뜨려야만
현실에서 안심입명 할 수 있다 (2020.06.10.)

과거過去-1

물은 흘러가다가 햇빛을 받으면
윤슬을 만들며 밝게 반짝일 때도 있고
바위나 절벽을 만나면 만신창이로 깨지거나
나락의 구렁텅이로 떨어질 때도 있다

인간 삶도 현재가 화려하면 과거가 고통스럽고
현재가 변변치 않으면 과거가 오히려 화려하듯
성공한 자에겐 고통스럽지 않은 과거가 없고
실패한 자에겐 화려하지 않은 과거도 없다

고통스런 과거는 성공자의 현재를 더 빛나게 하고
화려한 과거는 실패자의 현재를 합리화 하거나
동정심을 유발하기도 하지만
과거는 현재를 위해 미화 되거나 과장된 것일 뿐

흘러간 물이 현재의 물레방아를 돌릴 수 없듯
어떠한 과거도 새로운 현재나
빛나는 미래를 창조하지 못한다

더 이상 과거에 울지도 웃지도 말자
얽매이지도 잊지도 말자
결코 돌이킬 수 없는 과거라면
차라리 역사의 수레바퀴를 앞으로 밀고 가자 (2020.06.05.)

국고보조금

차가운 독서의 현실 속에서
출판을 위한 국고보조금은
여름철 땡볕의 소나기 같지만
하늘의 별이자 낙타의 바늘구멍

보조금 받고 사용하는 절차도
작품 창작보다 어렵고 복잡해서
컴맹이나 고령의 작가에게는
등단보다 더 어려운 통과의례

차라리 그러한 정력을
창작에 쏟는다면 보조금보다
더 큰 성과가 있을 법하지만
눈앞의 이익에 발등 찍는 문인들

서류를 걸을 때는 염라국 같더니
보조금 줄 때도 빚쟁이 같으니
창작의 격려인가 요령의 시험인가 (2020.04.30.)

제4부

바람(5월)

어쩌라고

돈 없고 힘없는 집안에
능력도 없이 태어났는데 어쩌라고

잘하려고 아무리 노력해도
일마다 엎어지는 것을 어쩌라고

아무리 애를 써도 세상과 내가
맞지 않아 어긋나는 것을 어쩌라고

뛰는 놈 위에 나는 놈 있고
그 위에 타는 놈 있는 것을 어쩌라고

아무리 잘 나고 싶어도
타고난 분수가 그뿐인데 어쩌라고

뒤로 자빠져도
코가 깨지는 것을 어쩌라고

이 세상 모든 것이 팔자소관이고
운명인 것을 어쩌라고 (2020.05.25.)

5.18 광주 민주 항쟁

1980년 5월 18일
정치군인에게 짓밟히고 유린당한
민주주의를 향한 광주 시민들의 함성

살아남은 자들 중
미안하고 부끄러운 줄도 모르고
아직도 그들의 정신과 희생을
왜곡하고 비난하는 자도 있지만

떨어진 한 알의 밀알이
언젠가 밀밭을 이루고
마침내 새 생명을 키워내듯
오늘의 민주주의 초석을 놓은
그들의 정신과 희생

무단히 총 맞고 칼에 찔려 죽은 한은
치유되고 잊힐 수 있다지만
그날의 정신과 희생과 함성은
오히려 기억하고 계승해야 하는
민주주의의 자랑스런 유산이 아닐까 (2020.05.18.)

위안부 할머니

나라가 망했을 땐
무식한 백성이라 속아서 따라갔고
가난한 백성이라 배고파서 따라갔고
힘없는 백성이라 강제로 끌려가서
마침내 육체를 짓밟혔다

해방이 되었을 땐
부끄러워 말 못해서 참았고
보상해주겠다는 약속에 속아서 입 다물었고
복수하자는 다짐이 고마워서 말 안했지만
결국 마음까지 유린당하고 말았다

죽음을 목전에 둔 지금도
힘없고 부끄러운 삶
재주는 곰이 부리고
돈은 되놈이 번다는 말처럼
이용만 당한 뒤
맹물에 밥만 말아먹고
속고 또 속으며 체념할 수밖에 (2020.05.25.)

초하루

매월每月의 시작하는 날
시작이 반이라는 날
그래서 더 소중한 초하루

젊은 시절은 해마다 달마다
시작하는 날만 되면
지나간 해와 달을 반성하며
새로운 계획과 각오를 다졌다

지나고 보면 그 뿐
다짐과 각오는 작심삼일이었고
달라진 것은 아무 것도 없어
항상 실망하고 미안하기만 했던 날

지금은 작심삼일하고 싶어도
다짐할 필요도 각오할 것도 없는 나이
초하루가 언제인지 잊고 싶지만
가는 듯 다시 와서 잊지를 못하니
오히려 섭섭할 뿐 (2020.05.01.)

살만한 세상

뜻하는 일마다 실패하고
할 일도 할 능력조차 없을지라도
실망하거나 좌절할 필요는 없다

사람마다 잘나고 능력 있으면
뜻한 일마다 다 이루면
잘난 사람만 성공하면 재미없잖아

있다가도 없고
낮다가도 높고
없다가도 있어야 재미있잖아

개천에서 용도 나고
가끔 세상도 뒤집히고
이변도 일어나야 살만하잖아

어두운 밤이 지나야 밝은 아침이 오고
추운 겨울이 지나야 봄이 오듯
새옹지마와 고진감래가 인생이잖아 (2020.05.31.)

천년의 사랑

두 눈 마주보며
손 맞잡고 천지신명께
천년의 사랑을 맹서한 그곳
오랜만에 다시 가 보니

5월의 싱그러운 자연 속에
바람소리 새소리는 의구하나
사랑의 맹서는 낙엽 져서
티끌 된지 이미 오래

그 얼굴 그 목소리
눈에 삼삼 귀에 쟁쟁
천년이 어제인 듯
고색창연한 것은 오직 나 혼자뿐

여자는 지금의 남자를 사랑하고
남자는 추억 속의 여인을
사랑한다는 유행어처럼 (2020.05.01.)

너

볼 때는 원수 같고
안보면 궁금하고
오래 안보이면 불안하고
다시 보면 더 미운 사람도 있고

볼 때는 몰랐는데
안보면 보고 싶고
오래 안보이면 걱정되고
다시 보면 더 반가운 사람도 있고

보고 있어도 보고 싶고
안보면 그립고
오래 안보이면 애가 타고
다시 보면 더 사랑스런 사람도 있다

볼수록 더 보고 싶고
안보고는 살 수 없는 너는
나의 연리지連理枝
나의 비익조比翼鳥
나의 운명運命 (2020.05.02.)

해와 달의 사랑

꽃이 피면 잎이 지고
잎이 피면 꽃이 지는 상사화처럼
영원의 사랑을 맹세한 해와 달도
그리워하지만 서로 만나지 못하고
술래잡기나 숨바꼭질 놀이만 한다

해가 술래가 되면 달이 숨고
달이 술래가 되면 해가 숨는다
어쩌다 서로 찾고 만나는 경우는 있어도
잠시 서로 먹고 먹히는
어둡고 처절한 사랑만 나눌 뿐
금방 헤어져 서로 찾고 숨으며
몸과 마음은 끝내 하나 되지 못한 채
술래잡기와 숨바꼭질만 반복한다

해와 달은 하루도 빠짐없이
서로를 찾고 서로를 향해 달리지만
영원히 서로 만나지도 보지도 못하는
캄캄하고 슬픈 사랑만 한다 (2020.05.07.)

삶

태양은 지기 위해서 뜨고
꽃도 지기 위해서 피듯
사람은 죽기 위해서 산다

올 때는 이유와 차례가 있었겠지만
갈 때는 순서도 없이 누구나 가고
어차피 모두 같은 곳으로 가는 삶

노력하고 애쓸수록 안타깝고
움켜쥘수록 더 쉽게 빠져나가고
기대가 클수록 실망도 컸던 삶

모든 시도와 실험 다 끝났다면
이제는 모든 것 다 내려놓고
올 때처럼 빈 마음으로
가볍게 가는 것은 어떨는지 (2020.05.02.)

효孝와 불효不孝

어느 누구도
부모님 가신 뒤에 생전의 불효를
후회하지 않은 자가 없고
못 다한 효를
안타까워하지 않은 자도 없지만

조선시대의 효는 만들어진 효일 뿐
진심으로 행해진 효가 아니며
진정한 효는 형식보다
마음이 중요하다고 한다

진정한 효를 위해
마침내 형식을 포기한 자식들
저승에 가서 부모를 뵙는다면
이승의 못 다한 효를 진심으로 다할까

형식과 내용은 하나이고
개꼬리 삼년 묻어두어도
소꼬리 안 된다 했는데 (2020.05.03.)

어린이날

어린이날이 없던 시절도
있는지도 몰랐던 시절도
어린이는 혈통을 잇는 후손으로서
소중한 존재였다

지금은 평소에도 어린이가 가보이고
어린이날은 절대적 왕이라서
사흘 후의 어버이날은 덤일 뿐
할아버지의 쌈지가 열리고
배부른 한끼가 지나면 할아버지가
어린이의 치어리더가 되는 날

어린이날이 무엇인지 몰랐던 시절도
어린이는 집안의 계승자로서
효자 효손 효녀 효부도 되고
아비와 할아비가 되었는데

어린이날마다 알아서 챙기고
스스로 받들어 모신 어린이
자라서 효자 되고 효손 되었다는
소문이 예전보다 적은 것은
어린이를 섬기는 어린이날의 정성이
옛날보다 부족했던 탓일까? (2020.05.05.)

진리

범 아비에 개아들이 없고
왕대밭에 왕대가 난다고 했으나
개천에서도 용이 난다고 했으니
못난 자식이 어찌 자기 탓 만이겠으며
잘난 자식이 어찌 부모 탓 만이겠는가?

그 아비에 그 아들이라 하지만
아들을 보면 아비를 안다고도 했으니
아이는 아비의 아들이기도 하고
오히려 아비의 아비이기도 하다

모든 것은 해석과 생각하기 나름
다 맞는 것도 다 틀린 것도 없고
현재의 자신은 자기 탓일 뿐
상황과 시대적 진실은 있어도
절대적 진리는 이 세상 어디에도 없다 (2020.05.07.)

소인시기少忍時飢*

삼국지연의에서 사마의는
제갈량보다 재주가 부족했지만
소인시를 잘해서 마침내 승리했고
조선조 어떤 선비는 소인기를 못해서
중종반정 때 목숨을 잃었다

개인주의적인 미국에서는
굶어죽으나 코로나19로 죽으나
죽는 것은 마찬가지라고 외치다가
벌써 수십만 명이 죽었고
답답함을 못 견딘 서울의 젊은이는
클럽에서 광란의 밤을 보내다가
코로나19를 영접했다

코로나19는 눈도 코도 입도 없어서
힘센 자와 젊은이를 구별할 줄 모르니
잠시의 배고픔과 답답함을
목숨과 맞바꿀 뜻이 없다면
세월 앞에 장사 없고
달도 차면 기운다 했으니
좀 더 소인시기 하는 것이 어떨는지 (2020.05.09.)

*少忍時飢 : 시간과 배고픔을 좀 더 참고 견디며 기다린다는 뜻.

노년의 하루

아침마다 일어나면
무엇인가 의미 있는
일을 해야 할 것만 같아

새들의 아름다운 노래 소리도
꽃들의 사랑스러운 미소도
바람의 속살거리는 속삭임도
지나는 구름의 반가운 손짓도

번거롭고 바쁜 듯
건성으로 듣거나
못 본채 외면하고
부산하게 서두르고 애써보지만

오라는 곳도 가라는 곳도 없고
할 일도 해야 할 일도 없어
매일 그저 그렇고 그런 일상

저녁이면 오히려
허무한 무의미와
안타까움만 더하는 매일의 하루 (2020.05.15.)

불참한 부모님 제삿날

어떤 불효자도 부모님 가신 뒤에
불효를 후회하지 않은 자 없고
못 다한 효도를
안타까워하지 않은 자도 없어
풍수지탄이란 말이 힘을 얻지만

명절이나 제삿날만 되면
가지 않을 핑계와 명분 없음이
제수 준비가 성가시고 힘듦이
안타깝지 않은 며느리와 자식 없고
명절 끝에 화목한 가정도 드물다

불효를 후회하는 자식이 저승에 가면
새로운 효자로 재탄생하고
코로나19가 제사 불참의 변명이 될까
아마도 또 다른 풍수지탄을
써야하지나 않을는지 (2020.05.03.)

노년의 시간

더 늙으면
오리도 가리도 없고
할 일도 하고 싶은 일도 없다

하루해가 너무 길어
이리고 저리고 몸부림칠 때는
하루가 한 달 같고 일 년 같지만

지나고 돌아보면
세월이 너무 빨라서
한 달도 하루 같고 일 년도 어제 같다

같은 시간도
상황과 처지에 따라
다르게 가는 것이라서

하루하루는 거북이 걸음 같지만
한 달 일 년은 눈 깜박할 새인 것이
노년의 시간인가보다 (2020.05.15.)

성패成敗의 차이

인생에서 성공한 자는
요행으로 성공했음에도
언제나 자신이 잘 나고
능력이 뛰어난 탓이라 포장하고

실패한 자도 자신의 무능은 덮고
언제나 시대와 환경을 탓하거나
시간이 부족했다 변명하지만

성공한 창업주 중에 불우한 환경이나
어지러운 시절을 극복하지 않은 자 없고
젊어서 성공한 뒤 장수한 사람도 드물었다

성공한 자는 무슨 말을 하든
거짓도 애교가 될 수 있지만
실패한 자는 어떤 변명도
핑계로만 치부 된다 (2020.05.17.)

핑계

사람은 자신에게 불리하거나
부정적인 상황을 만나면 벗어나려고
우선 변명과 핑계부터 찾는다

핑계는 현재의 상황을 모면하는
변명은 될 수 있으나
결코 결과를 바꿀 수는 없다

노인도 불리한 상황에 처하기만 하면
옛날을 그리며 나이를 탓하지만
생강은 묵을수록 더 맵고
술도 익을수록 맛이 짙다

시대와 환경을 핑계 삼는 것은
언제나 비겁한 변명일 뿐
새로운 내일을 만들지는 못한다

차라리 현재의 상황을 인정하는 것이
오히려 자신의 잘못과 무능을 넘어서는
올바른 변명이 아닐까 (2020.05.19.)

시 읽기

시상이 떠오르지 않아 몸부림치던 며칠
남의 시를 읽으면 도움이 될까 하여
문예지 한 권 들고 몇 시간을 읽었지만
남의 눈에 티만 보이듯 단점만 보이고
너무 덤덤하고 심심해서
몇 번이나 던졌다가 다시 읽곤 했다

다 읽고 돌아앉아 곰곰이 생각해봐도
한 편의 제목도 느낌도 생각나지 않아
나의 시도 이럴지 모른다는 부끄러움에
수줍은 작약처럼 달아오른 얼굴 식히며
스스로 반성하고 꾸짖다가

칠십년쯤 살고나면 인생도 그렇고 그런데
인생의 모방인 시라고 별 것 있겠냐고
변명하며 무명의 작가일수록 한 편의 시를
완성하기 위해서는 시보다 더 절실한
불면의 밤을 보냈을 것이란 동류의식에
작가와 작품에 대해 경의를 표해보기도 했다

(2020.05.23.)

몰라서

이긴 자가 정의인 줄만 알고
삶에도 결이 있는지
여태 몰라서 부끄럽습니다

하찮은 자리지만
내어주고 나눈 기억이 없어
남들의 기분도 잘 몰랐습니다

바위는 맨땅에 주저앉아
평생을 살아도 편안했는데
책만 나눌 줄 아는 나는 칠십 평생에
한 번도 편안한 적이 없었습니다

두어 평 돌 자리 바위는
누구나 마루처럼 편하게 앉지만
함께 앉을 친구도 없어 미안합니다

내가 앉은 내 자리를 돌아보니
바위에 부끄럽고 결에 미안해서
조성범 시인에게 배우고 반성합니다 (2020.05.30.)

* 조성범 시인의 「왜, 이러고 있는지」를 읽고

제5부

구름(6월)

팽이치기

겨울만 되면 어린 시절 얼음 언 무논에서
팽이 치며 놀던 그 시절이 생각난다

팽이는 칠수록 똑바로 서고
치는 사람도 추위를 잊고 따뜻해졌다

개구쟁이 손자를 바로 세우기 위해
회초리로 종아리를 치시던 할아버지처럼

법위에 군림하며 누워만 있는 권력들
누가 어떻게 일으키고 바로 세울까

팽이는 누군가 쳐야만 일어서고
끊임없이 칠수록 똑바로 섰는데

요즈음 또다시 팽이 치던 어린 시절이
자꾸만 그리워지는 것은 무슨 까닭일까?

(2020.10.30.일 수정)

한 우물 파기

한 우물을 파라구요?
바닷물도 걸러먹는 시대에
우물은 무슨 우물?

십년이 멀다하고
패러다임이 변하는 시대에
한 우물은 또 무슨 한 우물?

잘못 선택한 우물 파기는
평생토록 파면 팔수록
자신의 무덤이 될 뿐인 것을

그래도 인간이 인간이기 위해서는
바다가 넘치고 우물이 무덤이 된다 해도
지킬 것은 지키고 한 우물도 파야하지 않을까?

(2020.06.14.)

늙은 산

산도 다른 생물처럼
생명이 있고
일생이 있다

젊은 시절은
높고 크고 웅장하지만
모나고 날카롭고 위험하다

늙을수록
낮고 작고 아담해지지만
둥글고 평평해서 안전하다
여전히 만물을 키우고 품으면서도

사람도 저 산처럼
늙어야 인자하고 원만하고
세상을 다 품을 수 있다면
나는 언제라도 늙은 산이고 싶다 (2020.06.22.)

빗소리

비는 양이나 때나 형상에 따라
수많은 종류와 이름이 있지만
빗소리의 이름은 그리 많지 않다

초가집 지붕에서 호젓이 낙숫물 지던,
마구간 양철지붕을 요란하게 두드리던,
비닐우산 위에 즐겁게 뛰놀던,
승용차 지붕을 가볍게 연주하던 빗소리

소리의 미묘한 차이는
듣는 이의 기분이나 상황에 따라
서로 다른 느낌을 줄 수는 있지만

누구나, 다정했지만 멀리 떠난 옛 친구를,
가난했지만 그리운 고향과 어린 시절을,
낭만적인 첫사랑의 추억을 떠올리게도 한다

오늘도 하루 종일 창문을 두드리는
때 이른 장맛비 소리
아련하게 희미해진 온갖 추억을
일깨우고 새롭게 불러오는
소리의 장인이자 추억의 요술방망이다 (2020.06.13.)

유방백세流芳百世

사람은 누구나 입신출세하여
자기 분야에서 존중받고 추앙받으며
현부모하고 유방백세하기를 희망한다

예술인이나 문인들도
불후의 명작과 자신의 이름을
만대에 남기고자 문단의 지배적
권력에 더 관심을 갖기도 한다

명작을 남기면 저절로 이름이 남고
작품이 변변치 않으면 아무리 애를 써도
자신의 권력이나 위치와 상관없이
금방 이름이 사라질 텐데

회장 선거에 피가 튀고
이사 수가 이렇게 많은 것을 보면
역사의 진리와 작품의 평가도
자신들의 방식대로 착각한 것일까

염불보다 잿밥에 더 관심이 많은 열정
차라리 창작에 쏟으면 오히려 빛날 텐데
알면서도 실천 못하는 모순된 행동
원래 세상이 아이러니하기 때문일까 (2020.06.02.)

노년의 일

세상에서 가장 큰 부자도 일하고
가장 나이가 많은 사람도 일한다

호구지책으로 일하기도 하고
일하기 위해서 일하기도 하지만
누구나 하고 싶어서 일한다

무슨 일이든
할 수 있는 자는 건강한 자고
할 일이 있는 자는 행복한 자다

일이 천하다고 부끄럽게 여기지 마라
늙어서 일한다고 창피하게 여기지도 마라
성인도 일하지 않는 자는 먹지도 말라 했다

임금이 박하다고 욕하지도 마라
임금이 박하면 일이 천하고
일이 천하면 건강에 더 좋다

일은 건강의 바로미터이자 비결이고
일의 대가는 내일의 건강과 장수다 (2020.06.03.)

내 삶의 반성

본의 아니게 우연히 태어난 인생
칠십년 내 삶을 되돌아보니
간절히 소망하고 목숨 걸고 도전한 것도
특별히 이룬 것도 남긴 것도 없다

학교생활도 직장도 결혼도 공부도
남들이 다 하고 또 하면 좋다기에
세상이 흘러가는 대로 막연하게
따라가며 우연히 어쩌다가 한 것일 뿐

시와 수필 쓰기도 혹시나 하고 도전했다가
우연히 당선 되었을 뿐 특별한 능력이나
목숨 걸 이유나 특별한 목표도 없었다

삶의 방식도 비겁하게 눈치 보고
적당히 타락하고 타협하는 등
너무 졸렬하고 한심하고 데데했다

여생이 얼마나 될지 알 수는 없지만
그래도 갈 때는 올 때와는 달리
반드시 필연적이고 분명하게 의미가 있고
만인이 안타까워하는 그런 삶이 되고 싶다 (2020.06.17.)

다시 태어난다면

인간이나 다른 동물이나 식물로도
다시 태어나고 싶지는 않다

그래도 태어나야 한다면
먹고 먹히는 약육강식의 동물세계는 싫다
잘나고 못난 적자생존의 식물세계도 싫다
뺏고 빼앗기는 아귀다툼의 인간세상은 더욱 싫다

이 세상의 어떠한 미련도 후회도 없고
생각도 감정도 분별심도 의식도 없는
바람이나 구름이나 물이 되고 싶다

바람 중에는 인간의 답답한 마음을
시원하게 뚫어주는 산들바람이 되고

구름 중에는 맑은 하늘에 한가로이 떠놀다가
흔적 없이 사라지는 한 조각 흰 구름이 되고

물 중에는 풀숲을 돌돌돌 흐르며 모든 생명의
젖줄이 되는 맑은 시냇물이 되고 싶다 (2020.06.10.)

미망迷妄

나는 왜
위만 쳐다보고 괴로워할까?

높은 데 올라가면
흔들리기 쉬워 위험하고
낮은 데 서면
든든하고 안전하다 했는데

비는 아래로 내려야 생명수가 되고
해와 달과 별도 아래로 비춰야
세상을 밝게 하고 생명을 키우듯
열매도 땅에 떨어져야
싹을 틔우고 뿌리를 내린다 했는데

나는 왜 늘그막에도
위만 쳐다보고 괴로워할까? (2020.06.13.)

* 조성범 시인의 시 「착각」을 읽고 공감한 시.

고스톱

화투에는 자연의 일 년 열두 달과
사계절이 들어 있고
인간 삶의 희로애락이 모두 들어 있다

고스톱을 칠 때는
손에 든 일곱 장과 판에 깔린 여섯 장을 보며
전체 판을 읽고 나름의 판을 짜야 하고
손에 든 패를 칠 때는 구상한 판에 따라
예측하고 선택해야 하며 순간순간 변하는
판의 변화에 맞게 판의 구성과
패의 순서를 다시 조정도 해야 한다

특히 고와 스톱은 고스톱의 절정이다
투고와 광박에 피박이라면 4배인데
한 고만 더하면 8배가 된다
고를 해도 한쪽 상대는 전혀 가능성이 없고
다른 한쪽도 피가 4장 이상 붙어야 되는
아주 희박한 확률인데 어떻게 할 것인가?
성공하면 대박 실패하면 쪽박
승부를 건 통쾌한 외침. 고!

앗뿔사! 묻힌 쌍피가 하필 거기서 나오다니
극적인 순간은 대부분 기대와는 달리
대박보다는 쪽박 쪽으로 상황이 끝나서
한쪽은 후회를 하며 가슴을 치고
다른 한쪽은 히죽이 웃으며
놀란 가슴을 쓸어내린다

고스톱은 혼자 하는 놀이가 아니라
여러 명이 함께 하는 놀이판
순식간에 행운과 불운, 눈치와 코치
흥진비래와 고진감래가 교차하고
희비와 성패와 좌절과 우연이
순간마다 번복 되는 인간 탐욕의 난장판

끊임없이 선택하고 판단하고 예측해도
언제나 운칠기삼運七技三의 결과에
환호하고 좌절하고 후회하면서도
다음 판의 새로운 행운과 대박을 꿈꾸며
재도전하는 고스톱
인간 삶의 모습이자 인생의 축소판이다 (2020.06.12.)

이발소의 역설

이발소는 금따는 콩밭*이다

머리카락을 자르고 다듬는 이발소는
머리카락을 짧게 자를수록 가난해지고
길게 자를수록 부자가 된다

가난한 이발소에서는 허름한 시설에
늙은 이발사가 늙은 손님들을 상대로
한참에 짧게 자르고 적은 돈을 받는다
손님이 한 달에 한번만 찾아온다

부유한 이발소에서는 화려한 시설에
젊은 이발사가 젊은 손님의 취향에 따라
조금씩만 자르고 많은 돈을 받는다
손님이 보름마다 이발소를 찾는다

가난한 이발소는 많은 돈을 벌기 위해
머리를 짧게 자를수록 더 가난해지고
부유한 이발소는 길게 잘라도 부유해진다

이발소도 세상처럼 참 아이러니하다 (2020.06.14.)

* 김유정의 소설 제목

책 나눔

슬픔은 나누면 나눈 만큼 줄어들고
기쁨은 나누면 나눈 만큼 커진다는 말처럼
책도 나눌 때마다 독자의 등불이 되거나
인생의 길라잡이가 될 것을 기대하지만

글 같지 않은 책은 출판 공해만 유발하고
무식한 독자에게 나눈 책은 개발에 편자요
돼지 목에 진주목걸이가 될 뿐

잘못 나뉜 책은
펄펄 끓는 냄비 밑에서 뜨거움만 맛보거나
절뚝이는 장롱 밑을 고이는 고통을 맛볼 뿐
작가의 눈물만 요구하거나 자존심을 헤집고
창작의지를 꺾을 뿐이다

지금까지 책을 내고 책 나누기를 해온 나도
어디서 이명처럼 내 책의 비명이 들리는 듯
가슴만 휑하다 (2020.06.14.)

잿밥

잿밥은 로렐라이의 요정이다

장인에게는 장인정신이 있고
예술가에는 예술 혼이 있어서
예술가나 장인은 잿밥을 위해
혼이나 기술을 팔지는 않는다

정신과 혼을 잿밥과 맞바꾸면
잿밥은 로렐라이의 요정이 되고
그는 요정을 좇는 장사꾼일 뿐
장인도 예술가도 아니다

예술가는 발은 땅을 딛고 있으나
눈은 저 먼 대양을 바라봐야하고
뱃속에서는 쪼르륵 소리가 나도
뜻은 더 높은 천상에 걸어두어야 한다

예술가나 장인은 잿밥이 없어도
재를 올릴 수 있어야 한다

잿밥은 타락을 위한 맛있는 유혹이다 (2020.06.22.)

낯설게 하기

너무 일상적이고 진부한 표현보다
독특하고 특별한 낯설게 하기는
새롭고 신선한 충격과 느낌을 준다

그렇다고 글 전체가 낯설기만 하고
문장이나 구조 속에서조차 무슨 말인지
도무지 알 수도 없는 낯설게 하기라면
낯설기가 너무 낯설어서 새롭기는커녕
오히려 아무 말 대잔치가 되고 만다

아무리 낯설어도 똥인지 된장인지는
알 수가 있어야 소통도 할 수 있고
아는 체라도 할 수 있는 것이지
생판 모르는 사람 손 덥석 잡았다가
뺨맞는 격이면 낯설기만 할 뿐

낯설기도 지나치면
오히려 진부하고 지루해서
마침내 자기만의 세계에 갇혀 혼잣말만하는
자기만의 옹알이에 불과한 것은 아닐는지

(2020.06.27.)

순리順利

폭염과 혹한이 아무리 기승을 부려도
사계절은 변함이 없고
낮이 길 때도 밤이 길 때도 있지만
해와 달이 뜨고 지는 것은 변함이 없다

인생도 엎어지고 자빠지고
온갖 고통과 수난을 당해도
승승장구하고 일마다 행운이 겹쳐도

물은 낮은 곳으로만 흐르는 것처럼
끝을 보면 결국 흥진비래 고진감래요
모든 것은 마침내 분수대로 돌아간다

인생도 최선을 다할 뿐
순간순간에 너무 연연하지 말고
현실에 지족하는 것이 순리가 아닐까? (2020.06.21.)

계단 걷기

인생은 계단 걷기 운동이다

바깥 운동을 주로 하다가 비 오는 날
아파트 계단 걷기가 좋다는 말 생각하고
오늘은 100층의 계단을 걷겠다고 작심하자
마음속엔 봄바람 불고 온갖 꽃이 만발한다

35층의 아파트
첫회 오르기는 꽃이 피고 태양이 빛나지만
2회차는 시작부터 폭풍에 폭우가 쏟아지고
입에는 단내가 나고 다리근육이 뭉쳐서
엘리베이터를 바라보며 탈까 말까 갈등한다

90층이 넘어서면 폭발한 화산재에 숨이 막혀
네 발로 기면서 자신의 계획을 후회하지만
그때까지의 고통과 노력과 인내가 아까워서
끙끙대면서도 마지못해 꼭대기로 향한다

마침내 목표한 꼭대기에 도달하면 갑자기
시원한 산들바람과 높이 뜬 무지개에 놀라
그 때까지의 모든 고통과 갈등은 잊어버리고
성취의 쾌감으로 끝없는 엔돌핀이 샘솟는다

계단 걷기는 후회하면서도 반복하는 인생역정이다

(2020.06.19.)

작고 문인 재조명

문인들은 누구나 주목처럼
오래 살고 빛나기를 희망하지만
살아서 빛나지 못했다면
죽어서 침향목이라도 되기를 바란다

살아서보다 죽어서 오히려
더 빛나고 추앙받는 박지원이나
윤선도나 황진이 같은 문인들처럼

나름으로는 최선을 다했지만
평생 제대로 평가 한번 받지 못하고
뭇별처럼 사라진 수많은 문인들

죽은 뒤라도 재조명 받고 평가 받아서
살아서의 소망대로 그들의 사랑과
아픔과 의지가 갈수록 빛나고 향기로운
침향목 같기를 내 일처럼 기대해본다 (2020.06.26.)

이별

회자정리와 거자필반이
만고의 진실이라면
이별은 새로운 만남을 위한
또 다른 기쁨이자 축복이다

사랑했으나 헤어졌다면
님은 떠나도 오히려
추억은 마음속에 남아있어
언제나 하루 종일 온통
님만을 사랑하고 기다리며
함께 할 수도 있다

이별이 없었다면
님을 기다릴 이유도 없고
더 이상 님만을 사랑할 수도
생각할 수도 함께 할 수도 없다

이별은 만남을 낳는 어머니이자
새로운 사랑이고 행복이다
헤어졌으나 사랑한다면 오죽할까 (2020.06.28.)

능소화

여름날 뜨거운 태양보다
더 뜨거운 정열로 피어난 능소화
담장 너머로 긴 팔을 드리우고
한여름의 땡볕에 흐드러지며
열정의 붉은 나팔을 불고 있다

골목길 지나다가
우연히 마주친 늙은 영감
능소화의 붉은 열정에 취해
까맣게 잊었던 청춘의 추억에
새삼 심장의 뜨거운 고동소리 듣는다 (2020.06.30.)

그 집 앞

비 오는 날 오후
우산 쓰고 골목길 거닐다가
우연히 멈춰선 그 집 앞

일 없어도 지나가고
일 만들어서도 지나가며
보면 볼수록 그리움만 쌓이는 그 집

사랑해선 안 된다며 머뭇거리고
사랑할 수 없다고 물러서다가
부끄러워 말 한마디 못한 채

애달프고 아쉬운 마음 쓸쓸히 접고
돌아서는 사나이 가슴속에
안타까운 장맛비만 그믐밤처럼 서럽다 (2020.06.30.)

제6부

바다(7월)

술시

술시戌時는 퇴근 후 7시부터 9시까지
직장인이 술 마시기 좋은 주시酒時다

늙으면 오늘이 어제 같고
내일도 오늘 같아서
주시와 술시가 따로 없다
내가 술을 마시면 주시요
그 시간이 가장 좋은 술시다

오리도 가리도 없고
할 일도 해야 할 일도 없어
친구는 술밖에 없다
지금이 술 마시기 가장 좋은 주시다

자. 마시자
한 잔 술은 고독을 위하여
두 잔 술은 슬픔을 위하여
석 잔 술은 오늘을 위하여
일배一杯 / 일배一杯 / 부일배復一杯
모든 존재의 허무를 위해
건배乾杯! (2020.07.03.)

시간의 속도

시간은 나이만큼의 속도로 달린다고도 하고
시간은 제자리에 그대로 있는데
인간이 자꾸만 변덕을 부린다고도 한다

어린 시절은 빨리 어른이 되고 싶어서
시간이 느리다고만 생각했고
젊어서는 할 일이 많아서 시간이 부족하고
너무 빠르다고 생각했지만
늙으면 삶의 시간이 오락가락 느껴진다

지난 시간 돌아보면 이룬 것이 없는데
벌써 늙었다는 생각에
세월이 너무 빠른 것 같고
할일 없는 지금은
낚싯대를 드리우고 세월을 낚아도
하루해가 너무 느린 것도 같다

시간이 빠르거나 느린 것은
오로지 인간의 마음 탓일 뿐인데
오늘도 할 일 없어 시간의 속도나 헤아리며
너무 빠른 시간에 생의 허무만 곱씹고 있다면
누구도 벌써 늙은 나이가 아닐까 (2020.07.26.)

비옷

우산이 없어 삿갓을 쓰고 등교했다가
놀림만 받았던 어린 시절
등굣길에서 만난
예쁜 비옷을 입고 장화를 신은
여학생의 모습
동화 속에서나 볼 수 있었던
신기하고도 아름다운 천사였다

비옷과 우산이 너무 흔해
일회용으로 전락하고
비가 그친 후에는 뒤처리가
오히려 번거로워진 오늘날

늘그막에 장대비를 맞으면서도
노인일터에서 새로 준 비옷이 좋아서
남몰래 실없는 웃음을 흘리는 것은
어린 시절 천사에 대한 추억 때문일까
슬픔도 아름답게 채색하는
추억의 마술 탓일까 (2020.07.23.)

몰운대沒雲臺

코로나19의 펜대믹이 선포된 해의 여름
오랜만에 가본 몰운대 산책로

꼭대기에 올라 먼 바다를 바라보니
모자섬 쥐섬 동호섬은 여전하고
저 멀리 수평선은 날이 맑을수록
더욱 멀고 높아만 보이는데
산책로에 북적이던 사람 그림자
몰운처럼 사라졌다

인적 끊어진 객사 옆으로 이어진
다대포 해수욕장

벌거벗은 욕망이 승천하던
활기찬 자취는 간 곳 없고
사람 수보다 많은
깃발과 파라솔만 펄럭이는데
코로나19를 경외하는 한낮의 뜨거운 햇살과
바닷가를 지나는 호젓한 바람과 적막만이
옛 영화를 추억할 뿐이더라 (2020.07.17.)

삶의 태도

자고 싶으면 자고
먹고 싶으면 먹고
놀고 싶으면 놀고
등 따시고 배부르면
부러울 것이 없다 했지만

인간은 욕망의 그릇이고
욕망도 시대에 따라 변하는
상대적인 것이라서
현실에서 배부르다고 만족할
사람이 누가 있을까

욕심은 아무리 채워도
다 채울 수 없고
아무리 비우려 애를 써도
그릇을 깨뜨리기 전까지는
다 비울 수도 없다

차라리 주어진 대로
최선을 다하며 사는 것이
행복을 얻는 첩경이 아닐는지 (2020.07.05.)

장수長壽의 길

욕심이 지나치면 식복을 감하고
마음을 비워야 행복을 얻는다 했는데
인간은 얼마를 살아야 만족할까?
백년이나 천년이면 만족할까?
영원이 아니면 만년도 부족한 것을

삶은 길이로만 평가 되는 것이 아니다
오히려 그 질로써 평가 된다
하루살이는 하루만을
매미는 열흘 정도만 살아도
할 일은 다 하고 울만큼 울지만
인간은 백년이나 살아도
더 많은 일을 하는 것 같지는 않다

장수는 물리적 길이에만 달려 있지 않다
삶의 길이는 얼마나 길게 사느냐가 아니라
어떻게 어떤 삶을 사느냐에 달렸다
오래 살아서 오히려 욕된 삶도 있고
일찍 죽어서 더 오래 산 사람도 있다
짧게 살아도 역사에 이름을 남기면
역사와 함께 생사를 같이 한다 (2020.07.04.)

단순 반복

무슨 일이든 단순반복은
지루하고 잘못된 습관만 만들 뿐
어떠한 변화나 혁신도 만들지 못한다

따뜻한 온실에서 일생을 보낸 늙은 화초는
바깥의 산들바람을 그리워하면서도
북풍이 두려워 몸을 사리고

어항속의 물고기는 아무리 좁고 불편해도
맛있는 먹이와 안락한 생활에 길들여져서
오히려 어항이 깨질까 겁을 내듯

오늘이 어제 같고 내일이 오늘 같아
새로운 변화를 찾아 서로에게 놀러갔다가
매일이 쌍둥이인가 깜짝 놀라는 늙은 영감

언제나 단순 반복은 일탈을 꿈꾸지만
추락의 아픈 추억에 날개를 접으며
오늘도 무료한 일상에 상상만 들썩인다 (2020.07.07.)

학교 교통안전 지킴이

여름철 장맛비가 장대처럼 내리는 이른 아침
학교 앞 건널목에 연두색 조끼 위에
얇고 허름한 비옷을 걸친 늙은 영감들
꾸부정한 어깨에 비를 맞으며 '일단정지'
깃발을 들었다 내리며 서 있다

연신 비옷을 추스르고 젖은 손을 털어보지만
오래지 않아 구멍 난 비옷으로 스며든 빗물로
어느 새 엉덩이 부분이 축축하다

당장 남의 집 처마 밑이라도 뛰어들고 싶지만
'하는 일없이 빈둥거리며 나라의 세금만 축내는
거지같은 영감들'이라고 수군거리는 것 같아
이를 악물고 엉거주춤 참는다

학생들 등교가 끝나고
다음 임무지로 자리를 옮길 때는
신발 안에서 철벅거리는 물소리와
퉁퉁 부른 발가락들의 비명소리가 슬퍼
해마다의 다짐처럼 당장이라도 그만두고 싶지만

늙은 아내와 어린이날만 기다리는 손자녀에게
좋아하는 호박죽이나 씽씽이라도 사다주며
기뻐하는 모습과 재롱을 보는 재미 생각에
체념하는 주름진 얼굴 위에 스산한 미소가 번진다

(2020.07.14.)

욕심일까 변명일까?

90세 넘은 노인이
건강하게 살다가 편안하게 가겠다며
몸에 좋다는 것은 찾아다니며 다 먹고
하루도 빠짐없이 열심히 운동을 한다면
지나친 욕심일까? 변명일까?

해마다 작품집 한권 정도 내는 것은
크게 어렵지 않은 형편 좋은 작가가
때마다 출판 지원금을 받겠다고
아등바등 지원한다면
지나친 욕심일까 자존심일까?

중산층의 노인이 특별한 용처도 없이
노인 일자리에 가서 고달프게 일하면서도
무료함을 덜고 삶의 의미를
위해서라고 주장한다면
지나친 욕심일까? 변명일까?

욕심도 변명도 자존심도
보는 관점에 따라 달라진다 해도
본인이 좋아서 선택한 것이라면
소쩍새가 울든 말든 봄이 무슨 상관 (2020.07.23.)

여자

남자에게 여자는
어린 시절은 엄마였고
소년 시절은 누나였고
청년 시절은 돈키호테의 둘시네아 델 토보소처럼
꿈과 희망을 주고 풍차에도 뛰어들 수 있는 힘과
용기를 주는 연인이었다

늙어지면 아무리 잘난 자 힘센 자도
한 번 빠지면 누구나 목숨을 바치거나
패가망신해야 끝나는 개미지옥이거나
마침내 불지옥의 치명적인 불여우거나
용(龍)만 잡아먹는 금시조가 된다
누가 약한 자를 여자라 했는가?

아무리 사랑스럽고 애가 타도
멀리하면 원망하고 곁에 두면 위험해서
가까이 하기엔 너무 먼 당신이 여자로다 (2020.07.11.)

노년의 연애

일방적으로 달래나* 보고
익지도 않았는데 찔러나 보고
미리 김치국만 마신다면

욕먹고
뺨 맞고
눈물만 흘리게 된다

아무리 급해도 바늘귀는 꿰어야하고
밥솥은 뜸이 든 뒤에 열어야 하고
열매는 익을수록 제 맛이듯

할미꽃도 꽃이라면
가시 많은 장미꽃은 아니라도
꿰고 익히고 뜸도 들여야 하겠지만

어차피 꺾지 못할 꽃이라면
말없이 그냥 두고 바라보는 것도
오히려 노년 연애의 품격이 아닐까 (2020.07.02.)

* 달래나 고개 전설 원용.

선인先人의 경계

옛날 선인들은 제자가 하산할 때마다
혀끝 발끝 좆끝 세 끝을
조심하라고 경계했지만
제자는 걱정도 팔자라며 속으로 웃었다

군사정권 시절에는 친구 따라
강남 갔다가 감방 가는 일도 있었고
술자리에서 안주 삼아 씹은 말이
유언비어가 되기도 했지만
좆끝은 무슨 말인지 여전히 궁금했다

근래에 미투 운동과
잠룡을 잡아먹는 금시조를 보고서야
마침내 선생의 깊은 뜻을 깨달았지만
제자에겐 때가 이미 늦었더라 (2020.07.28.)

수컷의 비애

수컷은 암컷의 선택을 받기 위해
다른 수컷과 목숨을 걸고 경쟁하고
승리하면 암컷의 선택과는 상관없이
모든 암컷을 다 차지하지만
패배하면 죽거나 쓸쓸하게 생을 마감한다

인간도 태초에는
다른 수컷과 별반 차이가 없었지만
수컷에게 하나의 암컷만 허용 되면서부터
세상은 암컷 중심의 세상이 되었다

끝내 암컷 중심 세상을 거부하던
00도지사와 00시장과 00특별시장 등은
키플링의 소설 '왕이 되고 싶은 사나이'의
다니엘 드라보트처럼 암컷의 저주에 걸려
마침내 비극적 낙마를 하고 말았다

순천자는 흥하고 역천자는 망이란 말처럼
시대의 흐름을 읽지 못하고 자신의 힘만 믿는
교만한 수컷의 어리석음은
옛날이나 지금이나 결국 자신을 망친 후에야
깨닫게 되는 것인가 보다 (2020.07.10.)

노년이 슬픈 이유

희망은 삶의 의미고 이유다

어린 시절은
많은 형매와 배고파서 슬펐고
학창시절은 성적이 뜻대로
나오지 않아서 괴로웠고
직장 시절은 상사와 뜻이
맞지 않아 고통스러웠지만
언제든 현실을 넘어설
희망이 있어 견딜 수 있었다

늙어서 퇴직하면
배부르고 몸도 마음도 편하고
다툴 일도 없는데
슬프고 괴롭고 허무한 것은
죽음이 새삼 두렵기 때문 만일까

희망 없는 삶은 삶이 아니다 (2020.07.24.)

물의 품성

물은 부드럽고 순해서
지나는 곳마다 생명을 낳고
꽃을 피우고 사랑을 심는
어머니 품이다

물은 낮은 곳으로만 흐르지만
약하고 착하지만은 않다
함께 모이면 인류의 역사를 바꾸고
이 땅의 민주주의를 세운 민중들처럼
이 세상 무엇도 막거나 저지할 수 없다

물이 뜻을 세우고 함께 나아갈 때는
어떤 것도 뚫고 앞으로만 전진하며
지표면을 할퀴고 무너뜨려서
새로운 길도 내고 역사도 쓰고
모든 것을 흔적 없이 사라지게도 한다

마지막에 재라도 남기는
불보다 더 무섭고 사납게
어떤 불도 단숨에 꺼버린다 (2020.07.24.)

발문跋文

이 시집은 필자의 세 번째 시집이다.

출발이 늦었던 만큼 시를 쓸 수 있을 때 많이 써서 일 년에 한권씩 시집을 내겠다는 필자 나름의 계획에 따라 3년 연속으로 시집을 출간하게 되었다.

물론 '대단하지도 않은 시집을 뭐 그리 야단스럽게 자주 내느냐'고 핀잔을 줄 수도 있다고 생각된다. 특히 현대시가 감각적 시어를 통해 이미지 표현을 중시한다는 경향을 감안해 본다면 관념적 추상적 시어를 통해 서술과 설명이 중심이 된 필자의 시가 안타깝기만 하다. 그래서 필자 스스로도 몇 년 묵혀두었다가 출간할까 하고 고민도 해 보았다.

그러나 '개꼬리 삼년 묻어두어도 소꼬리 되지 않는다'는 말처럼 세월이 간다고 해서 이미 써진 시가 저절로 더 나아질 것도 아니고 그렇다고 버리기에는 너무 아쉽고 또 필자의 나이를 생각해보면 시를 쓸 수 있는 기간도 그렇게 많지 않다는 생각에 염치불고하고 용기를 내어 시집을 출간하게 되었다.

다만 농사꾼은 굶어죽어도 종자는 베고 죽는다 했는데 필자는 더 많은 체험을 통한 글의 영감이나 소재(종자나 씨앗)를 얻기 위해 해외여행 경비로 모아두었던 돈을 코로나19를 핑계로 종자를 삶아 먹듯 출판비로 사용했으니 글 쓰는 사람으로서 농사꾼보다 잘한 일인지는 알 수가 없다.

책의 페이지는 '돈'이라 하니 시 한편이라도 더 싣는 것이 바람직하겠다는 생각에 더 이상의 말은 다음 시집의 더 좋은 시로써 대신한다.

2021.3.

작가 식識

어쩌라고

초판1쇄 발행 2021년 4월 15일

지 은 이 김수봉
펴 낸 이 이길안
펴 낸 곳 세종출판사

주소 부산광역시 중구 흑교로 71번길 12 (보수동2가)
전화 051－463－5898, 253－2213~5
팩스 051－248－4880
전자우편 sjpl5898@daum.net
출판등록 제02-01-96

ISBN 979-11-5979-417-9 03810

정가 10,000원